Dedicated with love and admiration to the founding mothers and fathers of the State of Israel

The Land of Israel was the birthplace of the Jewish people... (here they) gave to the world the eternal Book of Books

Genesis 1

In the beginning God created the heaven and the earth.

And the earth was without form, and void; and darkness was upon the face of the deep. And a wind from God moved upon the face of the waters.

And God said, Let there be light; and there was light.

And God saw the light, that it was good; and God divided the light from the darkness.

בארץ-ישראל קם העם היהודי
והוריש לעולם כולו את ספר הספרים הנצחי...

בראשית א

א בְּרֵאשִׁית בָּרָא אֱלֹהִים אֵת הַשָּׁמַיִם
וְאֵת הָאָרֶץ:

ב וְהָאָרֶץ הָיְתָה תֹהוּ וָבֹהוּ וְחֹשֶׁךְ עַל־
פְּנֵי תְהוֹם וְרוּחַ אֱלֹהִים מְרַחֶפֶת
עַל־פְּנֵי הַמָּיִם:

ג וַיֹּאמֶר אֱלֹהִים יְהִי־אוֹר וַיְהִי־אוֹר:

ד וַיַּרְא אֱלֹהִים אֶת־הָאוֹר כִּי־טוֹב
וַיַּבְדֵּל אֱלֹהִים בֵּין הָאוֹר וּבֵין

After being forcibly exiled from their land, the people kept faith with it throughout their Dispersion

לאחר שהוגלה העם מארצו בכוח הזרוע שמר לה אמונים בכל ארצות פזוריו

In recent decades they returned to their land...
revived the Hebrew language, built villages and towns

ובדורות האחרונים שבו לארצם... החיו שפתם העברית, בנו כפרים וערים

בשנת תרנ"ז נתכנס הקונגרס הציוני והכריז
על זכות העם היהודי לתקומה לאומית בארצו

In 1897 the First Zionist Congress convened
and proclaimed the right of the Jewish people
to national rebirth in its own country

WE HEREBY DECLARE THE ESTABLISHMENT OF A JEWISH
STATE IN THE LAND OF ISRAEL– THE STATE OF ISRAEL

אנו מכריזים בזאת על הקמת מדינה יהודית בארץ ישראל, היא מדינת ישראל

THE STATE OF ISRAEL will be open for Jewish immigration and for the Ingathering of the Exiles

מדינת ישראל תהא פתוחה לעליה יהודית ולקיבוץ גלויות

It will foster the development of the country for the benefit of all its inhabitants; it will be based on freedom, justice and peace as envisaged by the prophets of Israel

תשקוד על פיתוח הארץ לטובת כל תושביה; תהא מושתת על יסודות
החירות, הצדק והשלום לאור חזונם של נביאי ישראל

It will ensure complete equality of social and political rights to all its inhabitants irrespective of religion, race or sex

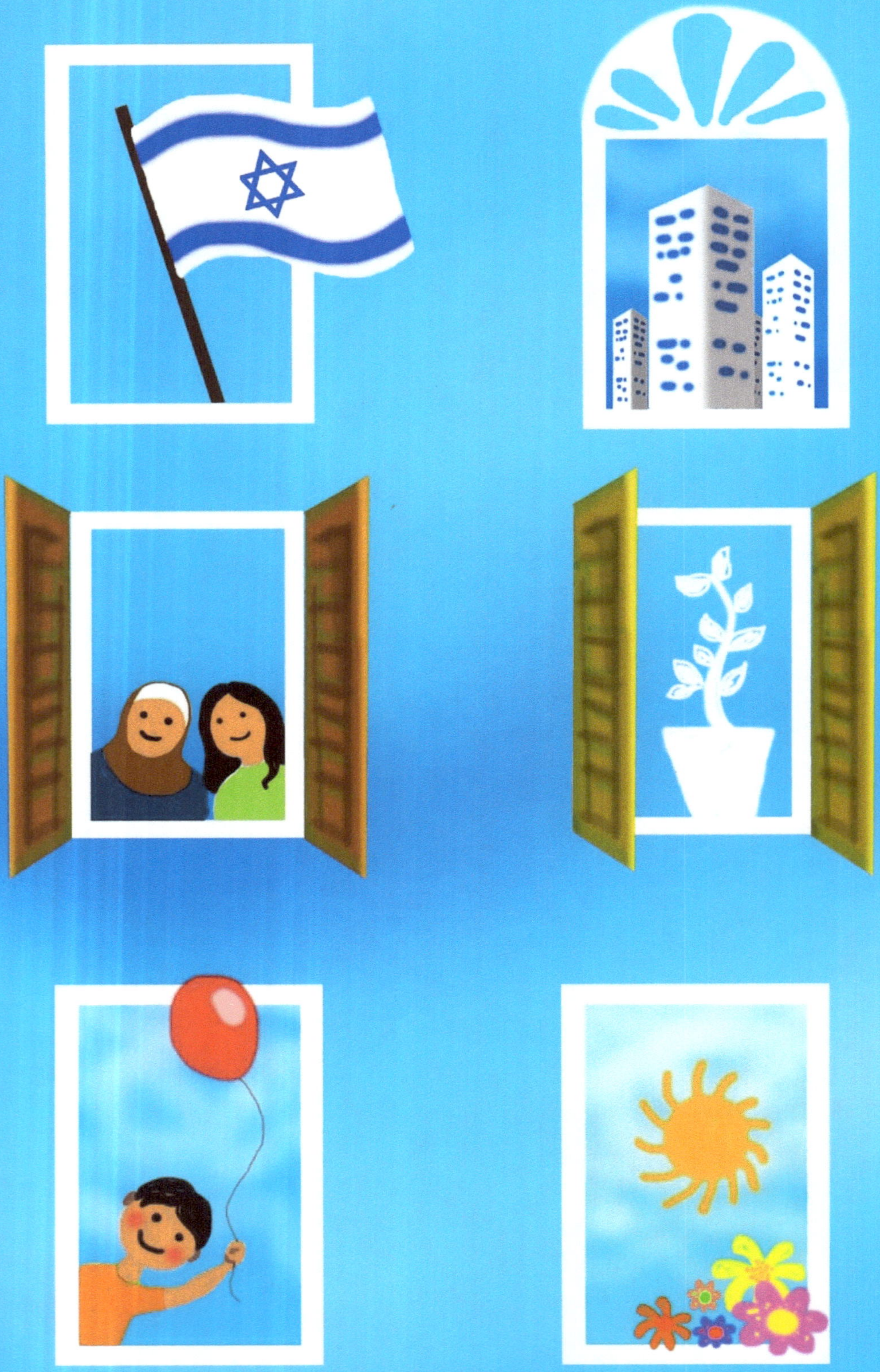

תקיים שויון זכויות חברתי ומדיני גמור לכל אזרחיה בלי הבדל דת, גזע ומין

תשמור על המקומות הקדושים של כל הדתות
תבטיח חופש דת, מצפון, לשון, חינוך ותרבות

It will guarantee freedom of religion, conscience, language, education and culture; it will safeguard the Holy Places of all religions

PLACING OUR TRUST IN THE "ROCK OF ISRAEL", WE AFFIX OUR SIGNATURES TO THIS PROCLAMATION AT THIS SESSION OF THE PROVISIONAL COUNCIL OF STATE, ON THE SOIL OF THE HOMELAND, IN THE CITY OF TEL-AVIV, ON THIS SABBATH EVE, THE 5TH DAY OF IYAR, 5708 (14TH MAY, 1948)

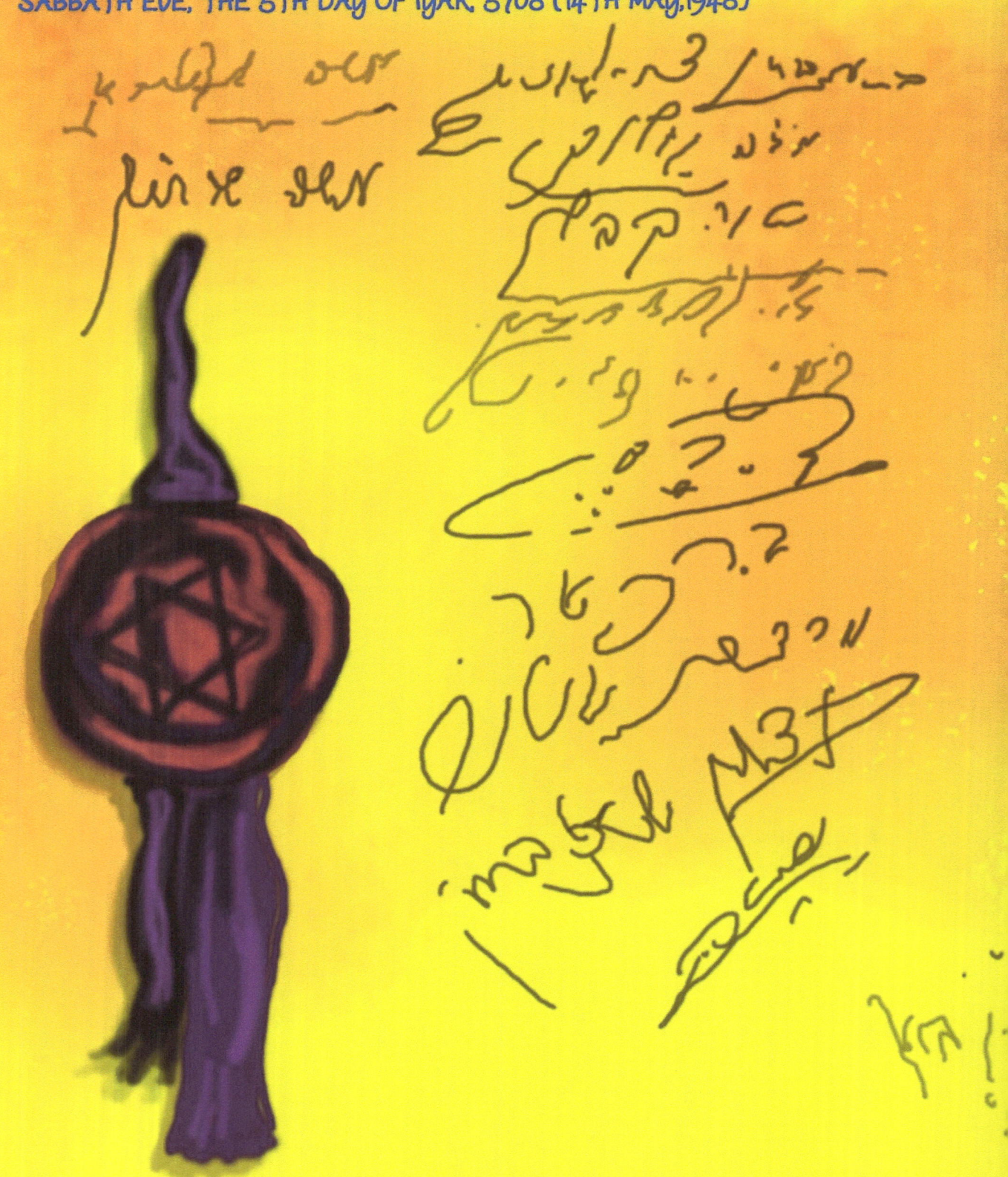

מתוך בטחון בצור ישראל הננו חותמים בחתימת ידינו לעדות על הכרזה זו,
במושב מועצת המדינה הזמנית, על אדמת המולדת, בעיר תל-אביב,
היום הזה, ערב שבת, ה' אייר תש"ח, 14 במאי 1948

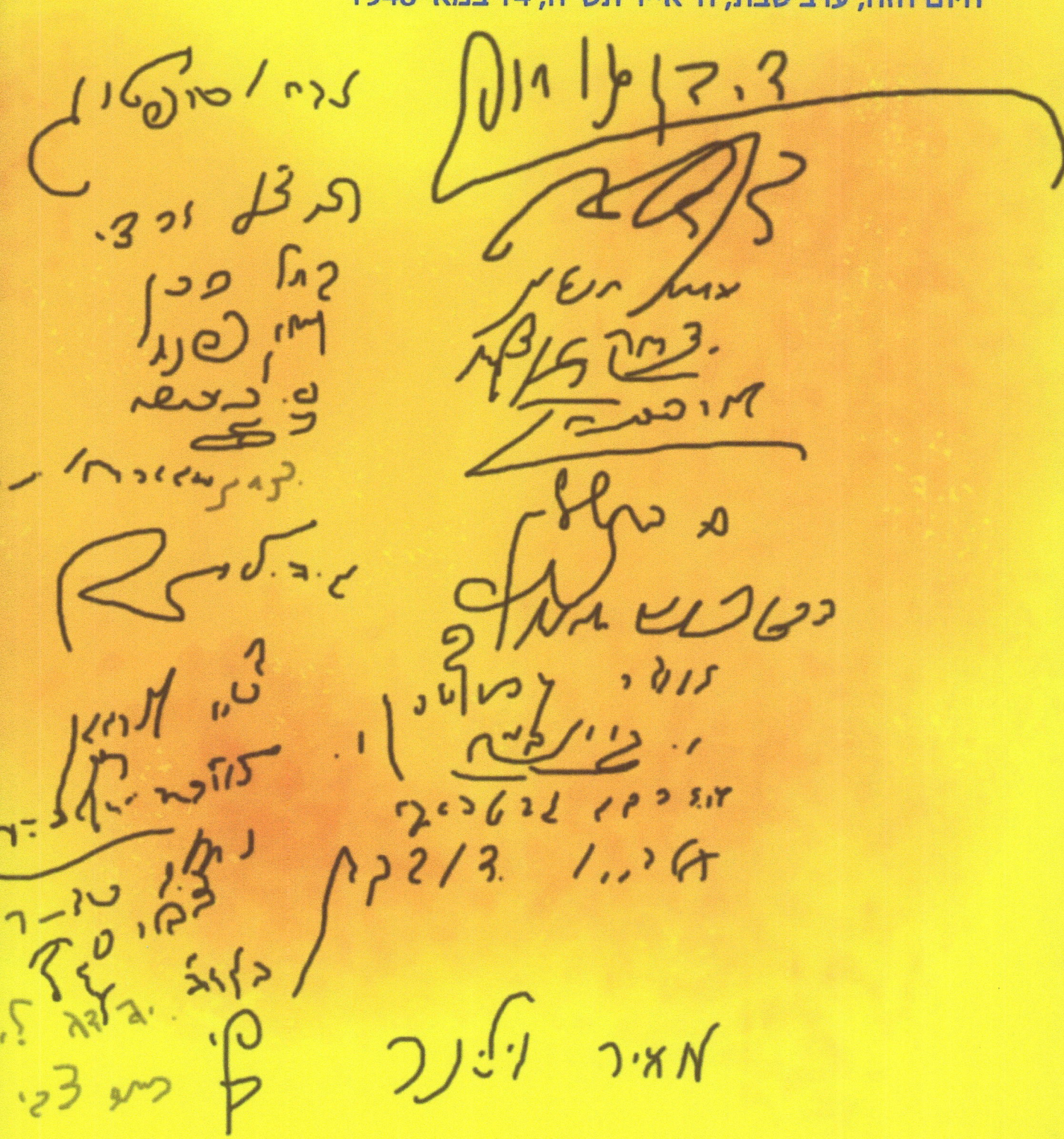